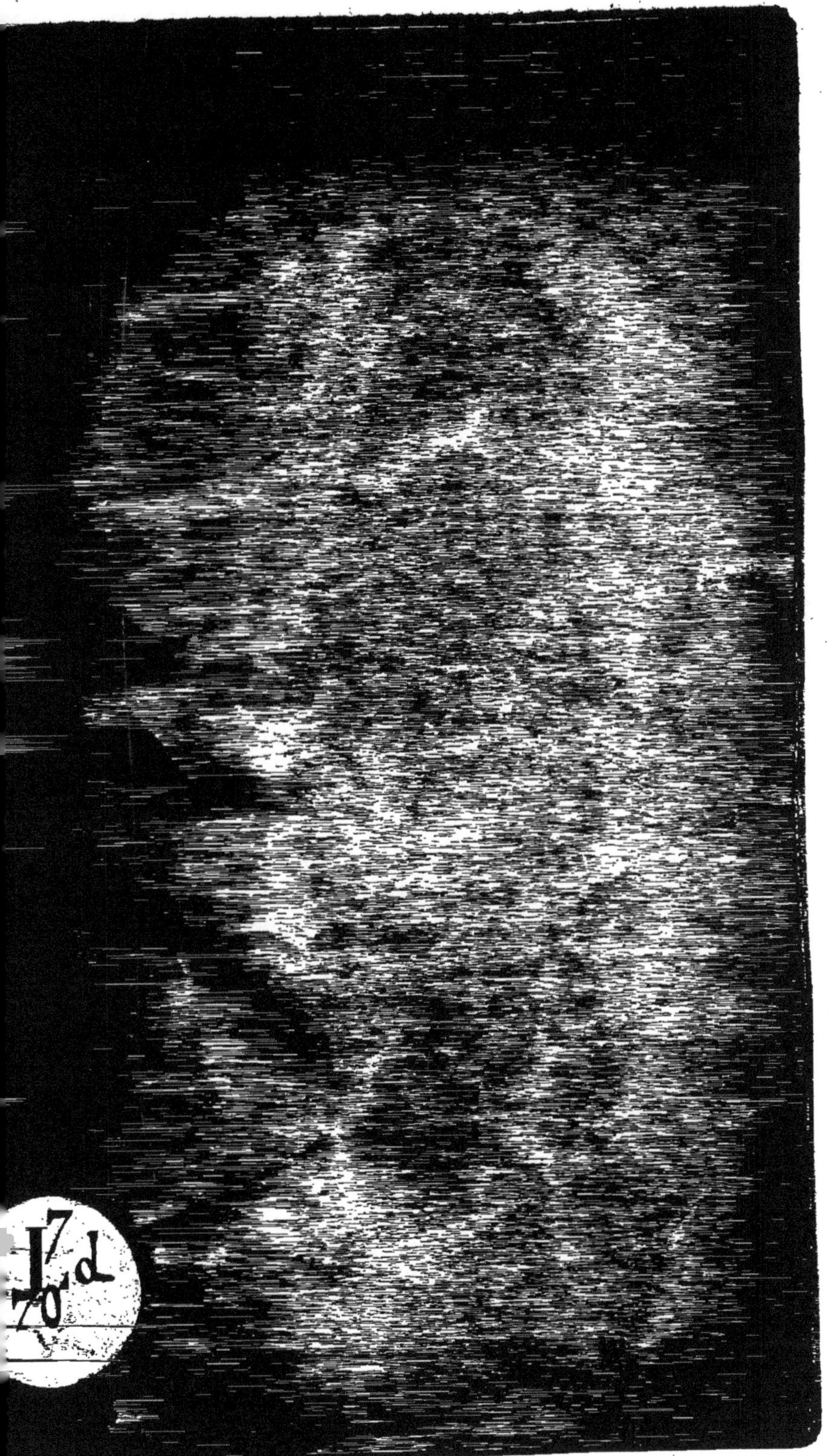

LE CONCORDAT ET LES ARTICLES ORGANIQUES

ÉTUDE

SUR LA

SITUATION LÉGALE

DE L'ÉGLISE DE FRANCE

I

Tout le monde parle du Concordat et des lois organiques. Mais peu de personnes s'en font une idée précise et se rendent un compte exact de la situation légale qui en résulte pour l'Église catholique.

Le Concordat, comme son nom l'indique, est un traité synallagmatique, une convention entre deux puissances souveraines, qui lie les deux parties contractantes et ne peut

1

être changé que du consentement de l'une et de l'autre.

Cette convention, passée à Paris, le 26 messidor an IX (en langage français et chrétien le 15 juillet 1801), entre le pape et le gouvernement consulaire, et promulguée le 18 germinal an X (8 avril 1802) comme loi de l'Etat, se compose de dix-sept articles qui forment ce que je pourrais appeler droit public de l'Eglise catholique de France.

L'Eglise et l'Etat doivent l'un et l'autre le respecter et l'appliquer, et se sont mutuellement interdit de rien faire qui soit contraire à son texte ou à son esprit.

En dehors de ce traité, il peut et il doit nécessairement y avoir des lois ou des règlements intérieurs relatifs à l'exercice du culte, à l'exécution même des dispositions concordataires. Mais ces lois ne doivent en être que le développement et la mise en pratique. Si elles en étaient la négation, elles ne sauraient prévaloir contre le traité lui-même, et elles n'obligeraient pas l'Eglise. Ceci est du bon sens, de la bonne foi et de l'équité la plus élémentaire.

On peut très bien concevoir une autre situation que celle du Concordat, c'est-à-

dire l'absence de toute convention synallagmatique, de tout traité entre le gouvernement et le Saint-Siège, entre l'Église et
l'État. Ce serait une situation pleine de pé-
rils, grosse de dissensions entre le pouvoir
spirituel et le pouvoir civil, et qui semble
ne pouvoir s'appliquer à un État catholique
dans l'unanimité ou l'immense majorité de
ses citoyens, comme la France l'a toujours
été. Mais nous n'avons pas à nous préoccu-
per de cette hypothèse, puisqu'elle ne s'est
pas réalisée en France. Le Concordat existe,
les deux puissances ont traité, ont échangé
solennellement leur parole, leurs promesses
et leurs signatures. Tant que cette situation
existe, et elle existera en droit jusqu'au jour
où les deux parties contractantes se seront
mises d'accord pour la modifier ou la faire
cesser, le devoir rigoureux de l'État et de
de l'Église consiste à le respecter et à y con-
former tous leurs actes.

Cette mise en pratique du Concordat dont
nous indiquions la nécessité, le gouvernement du premier consul n'a pas tardé d'un
jour à la réaliser, et dans la loi de germinal
an X qui a sanctionné et promulgué le Concordat, il a fait suivre cette convention d'un

ensemble de dispositions légales qui ne sont
autre chose que l'organisation du culte catholique en France. De là le nom de lois
organiques qui leur est donné dans l'acte
même de la promulgation du Concordat. On
les appelle indifféremment lois, articles organiques ou lois du 18 germinal an X.

Pourrait-on, comme on l'a prétendu, at-
tribuer, au point de vue des rapports de
l'Église et de l'État, la même valeur aux
articles organiques qu'au Concordat, sous
prétexte qu'ils ont été sanctionnés par une
seule et même loi ? Et le gouvernement
français a-t-il le droit de considérer et
d'opposer à l'Église ces articles comme
une partie intégrante du Concordat lui-
même ?

Il y aurait là un excès de pouvoir étrange
et qui ne soutient pas la discussion. S'il dé-
pendait d'une des parties contractantes de
modifier les conventions internationales sans
l'assentiment de l'autre partie, il n'y aurait
plus de traités ni de droit des gens. Un
traité, en droit public comme en droit civil,
lie les parties dans la limite étroite de ses
stipulations, sans qu'aucun des contractants
puisse rien y ajouter et rien en retrancher.

Peu importe donc que les articles organiques aient été présentés au Corps législatif et votés par lui en même temps que le Concordat : c'est un fait de pure forme, qui ne saurait rien changer au fond des choses. Cela est si vrai que le gouvernement français n'a jamais hésité, comme nous le verrons plus loin, à modifier certains des articles organiques de sa propre autorité, soit par des lois postérieures, soit par de simples décrets, ce qu'il n'a jamais pensé à faire pour les articles du Concordat.

Et s'il était besoin d'une autre preuve pour établir la différence fondamentale existant entre les articles organiques et le Concordat, il me suffira de rappeler que la loi de germinal an X s'étend aux cultes protestants comme au culte catholique, que, suivant son intitulé, c'est une loi réglant *l'organisation des cultes* ; or, nul n'oserait soutenir que l'Église réformée ou l'Église de la confession d'Augsbourg ont le moindre rapport avec le Pape et le Saint-Siége.

Écartons donc cet argument de forme qui n'est pas sérieux, et examinons les dispositions du Concordat et des lois organiques en elles-mêmes, en laissant à chacun de ces actes leur caractère parfaitement distinct.

Quels sont les droits résultant pour l'É-
glise et l'État du Concordat ?

En quoi les lois organiques sont-elles conformes ou contraires à ces droits, et dans
quelle mesure par conséquent sont-elles
obligatoires pour l'Église ?

Telles sont les deux graves questions qui
font l'objet de cette étude.

II

Des dix-sept articles composant le Concordat, le premier est incontestablement le
plus important, en ce qu'il pose et précise le
principe fondamental qui doit présider aux
rapports de l'Église et de l'État. Ce principe,
c'est la liberté de l'Église et la publicité du
culte catholique, sans autre limite que les
mesures de police nécessaires pour assurer
la tranquillité publique.

« La religion catholique, apostolique et
romaine, dit l'article 1er du Concordat, sera
librement exercée en France ; son culte sera
public, en se conformant aux règlements de
police que le gouvernement jugera nécessaires pour la tranquillité publique. »

Les droits qui découlent pour l'Église de cette déclaration de principe ou plutôt de cette stipulation synallagmatique, sont si considérables, si difficiles à contester de bonne foi et en même temps si clairs, qu'il importe de rappeler l'histoire de cet article 1er du Concordat, de l'incroyable labeur de son enfantement, des luttes acharnées dont il a été l'occasion entre les représentants de l'Église et de l'État, des scènes vraiment dramatiques auxquelles il a donné lieu, de ce duel, en un mot, entre la volonté de fer du premier consul et la volonté plus flexible mais non moins persistante du cardinal Consalvi, qui se termina par la victoire du prélat diplomate sur le héros de tant de batailles, dans lequel on pressentait déjà l'empereur Napoléon. Ce qui s'agitait au fond dans cette querelle, ce n'est rien moins que la liberté ou l'asservissement de l'Église, et c'est parce que les représentants des deux puissances en avaient la conscience intime que la lutte fut si longue, si violente, et faillit aboutir à la rupture des négociations.

Rien n'est saisissant comme le récit qu'en a laissé le cardinal Consalvi dans ses Mémoires, récit que je voudrais pouvoir repro-

duire en entier, mais dont je dois me borner
à rappeler brièvement les principaux traits.
Après de longues journées de discussions
entre les délégués du Saint-Siège et ceux du
gouvernement français, on semblait d'accord
sur la rédaction du Concordat tout entier, et
déjà l'on avait pris jour pour la signature du
traité, quand, au dernier moment, tout fut
remis en question par la prétention du premier consul de modifier la rédaction de l'article Ier, avec l'ordre donné à ses représentants de rompre les négociations si sa
volonté n'était pas obéie.

Bonaparte, après de longues et vives
résistances, avait fini par consentir à la
disposition stipulant la liberté de l'Église;
mais il déclarait qu'il n'admettrait jamais la
publicité du culte sans autre limite que les
règlements de police *nécessités par la tranquillité publique*. Il exigeait impérieusement
la suppression de ces derniers mots, comme
apportant au droit souverain de l'État une
restriction suivant lui intolérable.

De son côté, le cardinal Consalvi déclarait
que rien ne lui ferait abandonner une rédaction qui seule opposait une limite précise
et certaine aux caprices du despotisme, si

faciles à décorer du nom de lois et règlements de police. La suppression de mots
exigée par le premier consul équivalait,
dans sa pensée, à l'abandon de la liberté
de l'Église et du culte, principe même de la
convention.

Il opposa donc une résistance absolue sur
ce point aux instances de Joseph Bonaparte,
que le premier consul avait chargé de signer
pour lui le Concordat. Dix-neuf heures se
passèrent dans une discussion ininterrompue
sans amener les parties à une entente impossible. « Pour comprendre combien elle fut
laborieuse et pénible, écrit le cardinal Consalvi, il suffira de dire qu'elle dura sans aucun repos depuis cinq heures du soir jusqu'à
midi du jour suivant. Nous y passâmes toute
la nuit sans renvoyer ni les domestiques ni
les voitures, comme il arrive quand on es-
père finir d'heure en heure une affaire en
train. »

Ce qui accroissait les angoisses du cardinal et le fardeau terrible de sa responsabi-
lité, c'est que le soir même il devait assister
à un grand dîner chez le premier consul, et
que Bonaparte lui avait fait déclarer par son
frère qu'il lui fallait prendre son parti avant

1.

ce repas officiel, dans lequel il était décidé
à annoncer publiquement la signature du
Concordat ou la rupture des négociations.
Pour persister dans sa résolution, il fallut à
Consalvi un degré de conviction et de volonté égale à celle qui fait affronter le mar-
tyre. Les colères du premier consul étaient
connues de tous, et le prestige de ses victoires, l'ascendant de son génie, le rendaient
trois fois redoutable.

Le salon où se tenait le premier consul
était rempli d'un monde de magistrats, d'of-
ficiers, de ministres, d'ambassadeurs et d'é-
trangers illustres qui attendaient avec une
curiosité ardente et anxieuse l'accueil ré-
servé au cardinal. Dès que le prélat entra,
son terrible hôte vint droit à lui, et le vi-
sage enflammé, d'une voix vibrante et dé-
daigneuse, il lui dit :

« Eh bien, monsieur le cardinal, vous avez
voulu rompre ! Soit. Je n'ai pas besoin de
Rome. J'agirai de moi même. Si Henri VIII,
qui n'avait pas la vingtième partie de ma
puissance, a su changer la religion de son
pays et réussir dans ce projet, bien plus le
saurai-je faire et le pourrai-je, moi ! En
changeant la religion en France, je la change

dans presque toute l'Europe, partout où s'é-
tend l'influence de mon pouvoir. Rome s'a-
percevra des pertes qu'elle aura faites ; elle
les pleurera, mais il n'y aura plus de remède.
Vous pouvez partir, c'est ce qu'il vous reste
de mieux à faire. Vous avez voulu rompre,
eh bien, soit, puisque vous l'avez voulu.
Quand partez-vous donc ?

— « Après dîner, général, » répliqua le
cardinal, auquel la violence de cette sortie
avait rendu tout son sang-froid.

Ce mot fit tomber la colère, réelle ou
feinte, du premier consul. Il comprit sans
doute que, devant une volonté aussi ferme
et aussi calme, c'était à prendre ou à laisser,
et bien que Consalvi ne le dise pas et ne
semble pas même le soupçonner, il est pro-
bable que, dès ce moment, il résolut de cé-
der. Ce qui est certain, c'est qu'il consentit
à la reprise des négociations, que Joseph
Bonaparte, après une nouvelle discussion de
douze heures, déclara prendre sur lui de
signer le Concordat avec la rédaction complète de l'article 1er, afin, dit-il, de présenter
à son frère l'affaire comme terminée, et que,
de son côté, le premier consul, après une
scène violente faite à Joseph et une longue

méditation, finit par donner son consentement à la convention et chargea son frère d'en faire part au cardinal.

C'est ainsi que fut signé l'article 1er du Concordat, et tel est le commentaire éloquent et significatif de ses termes et de son esprit. Je n'ai raconté les péripéties de son long enfantement que pour en faire mieux comprendre toute la portée, l'importance capitale, et pour établir combien l'Église est fondée à le considérer comme la base inébranlable sur laquelle repose l'édifice de ses droits, de ses revendications et de sa liberté.

III

L'article 1er du Concordat consacre le libre exercice du culte catholique, sans aucune restriction, et la publicité de ce culte, sans autre limite que les règlements de police nécessaires pour assurer la tranquillité publique.

Les articles 2 et 3 ne sont pas moins considérables par le pouvoir d'autorité et de juridiction directes qu'ils reconnaissent au Saint-Siége sur l'Église universelle.

En effet, après avoir établi dans l'article 2 qu'il sera fait par le Saint-Siége, de concert avec le gouvernement, une nouvelle circonscription des diocèses français, le Concordat stipule, dans l'article 3, que, sur le refus des titulaires des évêchés de renoncer à leurs siéges, il sera pourvu par de nouveaux titulaires au gouvernement des évêchés reconstitués.

La portée de cette stipulation est si grande, elle reconnaît au Saint-Siège une autorité si absolue sur toutes les choses et toutes les personnes ecclésiastiques, que le Pape ne consentit à l'adopter qu'avec une vive répugnance et après de longues résistances : non pas qu'il doutât de son droit fondé sur les paroles de Notre-Seigneur Jésus-Christ à saint Pierre; « Pais mes agneaux et mes brebis, » et « Tout ce que tu lieras sur la terre sera lié dans le ciel, tout ce que tu délieras sera délié, » mais il reculait devant un exercice de ce droit souverain dont l'histoire de l'Église n'offrait aucun exemple analogue. Supprimer d'un trait de plume toute l'organisation ecclésiastique de l'Église de France, refaire toutes ses circonscriptions diocésaines et paroissiales, de mander et au besoin imposer à tous les titulaires leur démission, ne pas s'arrêter devant leur résistance et les remplacer sur leurs siéges épiscopaux ou dans leurs cures inamovibles, ce n'était pas un droit nouveau pour le Souverain-Pontife, mais c'était un fait sans précédent; c'était aussi, de la part du gouvernement français, la reconnaissance de ce droit et l'affirmation la plus énergique de l'autorité et de la juridiction souveraine du Saint-Siège sur le monde catholique tout entier. Le gouvernement français passa outre parce que c'était nécessaire, le Pape acquiesça parce que c'était légitime, et je puis dire, à un certain point de vue, que la nécessité de la mesure prouve sa légitimité, la sagesse de Dieu, qui n'est pas courte et bornée comme celle des hommes, ne pouvant laisser aucun mal sans remède ni aucun problème sans solution.

Des articles 4, 5, 6, 7 et 8, je n'ai qu'un mot à dire. Ils reproduisent les stipulations des anciens concordats qui réglaient le mode de nomination des évêques par le concours de l'Église et de l'État, et leur exécution n'a jamais donné lieu à une difficulté sérieuse. Les évêques nommés par le gouvernement français reçoivent l'institution canonique du Saint-Siège, et ce n'est qu'après l'avoir reçue qu'ils peuvent être consacrés et prendre l'administration de leurs diocèses. Ainsi les droits des deux puissances sont sauvegardés, aucune d'elles ne pouvant imposer à l'autre des personnalités hostiles ou dangereuses.

Ce concours raisonnable et accepté de part et d'autre se retrouve en ce qui concerne la circonscription des diocèses et la nomination des curés. D'après les dispositions des articles 9 et 10, les circonscriptions et nominations faites par les évêques doivent être soumises au consentement et à l'agrément du gouvernement.

L'article 11 stipule le droit pour les évêques d'avoir un chapitre dans leur cathédrale et un séminaire dans leur diocèse. Là encore, aucune difficulté.

Les quatre articles suivants, 12, 13, 14 et 15, tranchent de la façon la plus nette et la plus heureuse les graves questions restées pendantes depuis la Révolution et relatives aux biens confisqués de l'Église, à la dotation du clergé et à la propriété ecclésiastique.

On sait que, sous une forme à peine déguisée, les biens de l'Église avaient été de la part de l'Assemblée constituante de 1789, l'objet d'une véritable confiscation au profit de l'État. Cependant, ce n'était pas sans conditions formelles et sans engagements solennels que l'État avait osé s'emparer de ce vaste patrimoine, consacré depuis l'origine de l'Église à l'entretien du clergé, des édifices religieux et au soulagement des pauvres. En mettant ce patrimoine sacré à la disposition de la nation, l'Assemblée souveraine avait stipulé que l'État prenait à sa charge la dotation du clergé, l'entretien de ses ministres, de ses édifices et des pauvres. Le clergé avait dû subir ce contrat, non pas proposé, mais imposé par la force, et dès lors les acquéreurs des biens ecclésiastiques confisqués et mis en vente ne pouvaient jouir tranquillement de terres et d'édifices dont, aux yeux du peuple chrétien, ils n'étaient que les détenteurs illégitimes.

Au moment de régler les conditions normales et définitives du rétablissement du culte catholique, le Saint-Siège et le gouvernement français ne pouvaient laisser de si graves intérêts en suspens. Il fallait faire la part des faits irrévocablement accomplis, transformer en un véritable contrat synallag-matique les lois révolutionnaires et les en-gagements pris par le législateur, et assurer pour l'avenir les conditions de la propriété ecclésiastique. Ce fut l'objet des articles 12 à 15 du Concordat.

Le Souverain Pontife déclarait, dans l'ar-ticle 13, « que pour le bien de la paix et l'heureux rétablissement de la religion ca-tholique, ni lui ni ses successeurs ne trou-bleraient en aucune manière les acquéreurs des biens ecclésiastiques aliénés, et qu'en conséquence la propriété de ces biens, les droits et revenus y attachés, demeureraient incommutables entre leurs mains ou celles de leurs ayants cause. »

En échange de ce complet et généreux abandon le gouvernement s'engageait, dans les articles 12 et 14, « d'abord à remettre à la disposition des évêques toutes les églises métropolitaines, cathédrales, paroissiales et autres, non aliénées, nécessaires au culte ; » secondement « à assurer un traitement con-venable aux évêques et aux curés dont les diocèses et les paroisses seraient compris dans la circonscription nouvelle. »

Enfin l'article 15 disposait que le « gouvernement prendrait des mesures pour que les catholiques français pussent, s'ils le voulaient, faire en faveur des églises des fondations. »

Ces quatre articles, d'une netteté et d'une précision admirables, réglaient en quelques lignes, pour le passé comme pour l'avenir, la question si débattue et si complexe des biens de l'Église et de la dotation du clergé. — Le Pape passait l'éponge sur la vente des biens ecclésiastiques et, de son autorité souveraine, les donnait en toute propriété à ceux qui les avaient acquis de la nation. L'État, de son côté, restituait à l'Église tous ceux de ses anciens biens qui n'étaient pas encore aliénés, c'est-à-dire les édifices consacrés au culte, dont la plus grande partie était restée entre ses mains. Il s'engageait de plus, en conformité et en confirmation des lois de l'Assemblée législative, qui avaient mis les biens de l'Église à la disposition de la nation, à doter convenablement les ministres du culte, ce qui donnait à cette dotation un caractère concordataire et enlevait au gouvernement et aux Chambres le droit de la discuter dans son

principe lors du vote annuel du budget.
Puis, prévoyant les nécessités de l'avenir et
reconnaissant le fait séculaire, interrompu
par la Révolution, du caractère social et de
la personnalité complète et entière de
l'Eglise, il posait le principe de la reconsti-
tution de la propriété ecclésiastique, en
s'engageant à assurer le droit des catholiques français à faire des fondations en faveur
des églises.

Ces dispositions achevaient la grande
œuvre du rétablissement de l'Eglise catholique en France et elles terminent aussi le
Concordat. En effet, les deux derniers articles n'ont qu'une importance secondaire,
l'article 16 n'étant que de convenance, l'article 17 que de pur bon sens et d'une évidence telle qu'on aurait pu ne pas l'écrire.

D'après l'article 16, « Sa Sainteté reconnaît dans le premier consul de la République
française (c'est-à-dire dans le chef de l'Etat)
les mêmes droits et prérogatives dont jouis-
sait près d'Elle l'ancien gouvernement », ce
qui ne s'entend manifestement que des
droits de préséance diplomatique ou de pro-
tectorat et des honneurs attribués de temps
immémorial au roi de France, fils aîné de
l'Eglise près de la cour de Rome.

D'après l'article 17, les parties contractantes stipulent que, « dans le cas où l'un successeurs du premier consul actuel ne serait pas catholique, les droits et prérogatives mentionnés dans l'article ci-dessus et la nomination aux évêchés seraient réglés, par rapport à lui, par une nouvelle convention ». Cela s'entend de soi et n'a besoin d'aucun commentaire.

IV

Voilà donc, dans leur ensemble et leurs détails, les dix-sept articles qui forment le Concordat. Ils sont si nets, si complets dans leur brièveté, ils établissent avec une telle précision les rapports de l'Église et de l'État, respectant également les droits et le caractère de l'une et de l'autre, définissant les domaines des deux sociétés, évitant le double écueil de la confusion et de la séparation des deux puissances, et restant toujours sur le terrain fécond et salutaire de leur union dans la distinction, qu'il semble qu'après eux il n'y avait presque plus rien à dire.

Le principe qui domine tout le Concordat, qui est écrit en tête de son premier article, c'est que l'Église catholique est libre, c'est qu'elle est librement exercée en France, sans autre restriction, pour la publicité de son culte, que les besoins de la tranquillité publique. Donc, rien de la part de l'État ne doit entraver les libres rapports du clergé et des fidèles avec le Pape, leur chef suprême, ni les libres rapports des évêques, des prêtres et des fidèles entre eux. Rien ne doit faire obstacle à la formation et au développement des institutions catholiques, telles que congrégations religieuses, confréries, etc., qui ne menacent d'aucune façon la tranquillité publique. Donc, en un mot, la vie doit circuler sans entrave dans tout le corps de l'Église, depuis l'extrémité de ses membres les plus humbles jusqu'à sa tête et à son cœur.

Le Pape est reconnu chef suprême et Pontife souverain de l'Église universelle, pasteur des pasteurs et évêque des évêques, avec une énergie sans exemple dans la vie dix-huit fois séculaire du christianisme. Donc ses ordres, ses encycliques, ses décisions et ses conseils doivent arriver en toute liberté,

non-seulement aux évêques sur leur siège
épiscopal, mais jusqu'aux moindres desser-
vants de village, et tous, depuis l'enfant du
catéchisme et le pauvre charbonnier, dont
la foi est légendaire, jusqu'aux premiers
fonctionnaires de l'État et au souverain lui-
même, lui doivent le respect dû au divin
Maître, dont il est le représentant en ce
monde.

L'Église est reconnue apte à acquérir et
posséder des biens provenant soit des resti-
tutions de l'État, soit des libéralités des
fidèles. Elle rentre en possession de ceux
de ses édifices non aliénés, et en échange
de ceux qui ont été acquis par des particuliers et auxquels elle renonce solennellement, elle reçoit de l'État la promesse
non moins solennelle d'une dotation de tous
ses ministres proportionnée au rang, à la
dignité et aux besoins de chacun. Le tem-
porel de l'Église de France, vêtement nécessaire du spirituel, est ainsi réglé pour le
présent et l'avenir, et elle peut vaquer,
sans préoccupations matérielles, à ses grands
devoirs d'enseignement, d'assistance et de
salut des âmes.

Quant à l'État, ses droits demeurent in-

tacts sur tout ce qui est de son domaine, et
la part la plus large lui est faite en ce qui
touche les questions mixtes où les deux
puissances doivent se rencontrer et s'entendre. D'un côté, l'Eglise renonce, non pas
explicitement, mais tacitement par le Concordat, à sa situation séculaire, traditionnelle et légitime, de religion de l'Etat,
situation qui, en y réfléchissant, ne serait
nullement incompatible avec la tolérance et
la liberté des autres cultes reconnus par la
loi. Elle se contente de la déclaration par
laquelle, dans le préambule du Concordat,
le gouvernement français reconnaît que la
religion catholique, apostolique et romaine,
est la religion de la grande majorité des
Français. Cette déclaration n'est pas une
vaine formule, en ce qu'elle donne à l'Eglise
le droit de revendiquer les privilèges qui
partout et toujours sont le partage des
majorités. Mais elle diffère absolument du
régime d'une religion d'Etat, en ce que
l'Etat ne s'engage point à faire exécuter
comme siennes toutes les lois et prescriptions du Saint-Siège, et qu'il ne s'oblige
plus comme avant la Révolution, à prêter
le bras séculier à l'exécution des jugements

ecclésiastiques, des vœux de religion, de tout ce qui constitue la discipline de l'Eglise.

En second lieu, le Concordat donne à l'Etat la garantie la plus efficace en lui concédant le droit presque exorbitant de participer à l'organisation des circonscriptions ecclésiastiques, diocèses et paroisses, et au choix des évêques et des curés. Cette concession s'explique par le désir et le besoin légitime du gouvernement de ne rencontrer ni opposition politique, ni malveillance systématique de la part des prélats et des pasteurs du peuple chrétien, et nous applaudissons à la sagesse du Saint-Siège qui l'a souscrite ; mais elle n'en est pas moins considérable, et certes, n'était l'assistance de l'Esprit-Saint que Dieu n'a jamais refusée à son Eglise, cette clause du Concordat pourrait donner à l'Etat, dans la direction des choses ecclésiastiques, une prépondérance pleine de dangers pour les droits du Saint-Siège et la liberté des âmes. Dans tous les cas, ce droit accordé au gouvernement par le Concordat est plus que suffisant pour le garantir contre toute difficulté réelle et non justifiée de la part du clergé, qu'elle

place, sinon dans sa main, du moins sous
son influence puissante et directe.

Qu'avait donc, selon nous, à faire le gouvernement français à la suite de la signature
et de la promulgation du Concordat ? Prendre, par des lois ou des décrets réglemen-
taires, les mesures d'exécution relatives à la
circonscription des diocèses et des cures, à
la fixation de leur nombre, au chiffre du
traitement des ministres de la religion, en
un mot, à l'établissement du budget du
culte catholique ; déterminer dans quelles
conditions s'exercerait le droit reconnu aux
fidèles de faire des fondations en faveur de
l'Eglise, prescrire la remise des édifices
sacrés, églises ou presbytères, entre les
mains des évêques et des curés, le tout
après une entente avec les représentants de
l'Eglise, puis laisser le reste à la liberté,
principe même du Concordat, sauf à s'entendre avec le Saint-Siège et les évêques,
dans le cas où la pratique démontrerait la
nécessité de régler quelque point demeuré
douteux ou non prévu par le Concordat et
les lois y relatives.

Voilà ce qu'il y avait à faire. Voyons ce
qu'a fait le gouvernement consulaire, et si

les lois organiques qu'il a promulguées en
même temps que le Concordat répondent à
ce programme libéral et loyal que nous
venons d'esquisser.

V

Les lois organiques sont divisées en quatre
titres et renferment soixante-dix-sept articles qui embrassent toute l'organisation du
culte, au point de vue du personnel comme
du matériel.

Le titre 1er traite du régime de l'Eglise
catholique dans ses rapports généraux avec
les droits et la police de l'Etat.

Le titre II est consacré aux ministres du
culte;

Le titre III est relatif au culte.

Enfin le titre IV traite de la circonscription des archevêchés, évêchés et paroisses,
des édifices destinés au culte, et du traitement des ministres.

Examinons ces divers titres dans leurs
dispositions essentielles et comparons-les au
texte et à l'esprit du Concordat, tels que

nous les avons définis et analysés dans les pages précédentes.

D'après le Concordat, la religion catholique, apostolique et romaine est librement exercée en France, c'est-à-dire que la liberté doit présider aux rapports des évêques, des curés et des fidèles avec le chef de l'Église, et à leurs rapports entre eux.

Voici comment cette liberté se traduit dans le titre Ier des articles organiques. Je transcris littéralement, craignant, si je résumais, qu'on se refuse à me croire.

ARTICLE PREMIER. — Aucune bulle, bref, rescrit, mandat, provision, signature servant de provision, ni autres expéditions de la cour de Rome, même ne concernant que les particuliers, ne peuvent être reçus, publiés, imprimés, ni autrement mis à exécution, sans l'autorisation du gouvernement.

ART. 2. — Aucun *individu* se disant nonce, légat, vicaire ou commissaire apostolique, ou se prévalant de tout autre dénomination, ne pourra, sans la même autorisation, exercer sur le sol français ni ailleurs, aucune fonction relative aux affaires de l'Église gallicane.

ART. 3. — Les décrets des synodes étrangers, même ceux des conciles généraux, ne pourront être publiés en France avant que le gouvernement en ait examiné la forme, leur conformité avec les lois, droits et franchises de la République française, et tout ce qui, dans leur publication, pourrait altérer ou intéresser la tranquillité publique, »

Tels sont les trois articles qui règlent les rapports de l'Église de France avec le Pape et les conciles. Ils sont brefs, mais nets, et méritent que nous nous y arrêtions quelques instants.

Le Pape communique avec les diverses Églises du monde catholique soit par des écrits, soit par des personnes. Les écrits émanés du Saint-Siège ont des noms, des formes, une portée qui varient avec les circonstances et que la tradition a définis et consacrés. Tantôt ces écrits s'adressent à l'Église toute entière, comme sont les encycliques, tantôt ils s'adressent à une portion de la catholicité, nation, diocèse, paroisse même; tantôt enfin à des particuliers. Les uns ont le cacactère d'actes *ex cathedra*, c'est-à-dire d'enseignements officiels du Souverain Pontife parlant et notifiant ses décisions comme docteur suprême

et infaillible ; les autres n'ont pas la même
autorité doctrinale et contiennent des conseils et des directions, plutôt que des pré-
ceptes.

Mais quels qu'ils soient, quelques noms,
quelques formes, quelque portée qu'ils aient,
l'article 1er des lois organiques ne distingue
pas : ils sont tous enveloppés dans la même
proscription. Ils ne peuvent être ni reçus,
ni publiés, ni imprimés, ni exécutés en
France sans l'autorisation du gouvernement.
Cette autorisation est souveraine ; elle n'a ni
formes ni conditions déterminées. L'avis du
Conseil d'État, que le gouvernement a cou-
tume de demander en ces sortes d'affaires,
sauf à ne pas le suivre, car cet avis n'est
jamais obligatoire, n'est même pas exigé
par les Organiques. C'est le bon plaisir pur
et simple, la négation la plus absolue, la
plus brutale, de la liberté religieuse stipulée
par le Concordat. Le Concordat dit à l'É-
glise : « Tu es libre. » Les articles organiques lui disent : « Tu ne communiqueras
avec ton chef, avec ton souverain pasteur, ton
docteur et ton père, que suivant mon ca-
price. » Il dépend de la seule volonté du
gouvernement d'interrompre toute commu-

2.

nication, toute circulation de la vie doctrinale et spirituelle entre l'Église de France et son chef, entre les membres et la tête.

Les représentants du Saint-Siège ne sont pas mieux traités que ses écrits. Quels que soient leur titre, leur dignité, leurs pouvoirs, ils dépendent également et absolument du bon plaisir du gouvernement; ils ne peuvent, sans son autorisation, exercer sur le sol français ni ailleurs aucune fonction relative aux affaires de l'Église gallicane. Ainsi tous les moyens de communication sont coupés entre le Pape et les fidèles, entre les membres de l'Église et leur chef spirituel. Ici la forme est digne du fond, et l'article 2 donne le nom d'*individus* aux nonces, légats ou représentants quelconques du Saint-Siège.

L'autorité des conciles, ces assemblées solennelles des pasteurs et des docteurs de l'Église qui font partie intégrante de sa constitution séculaire, n'est pas plus respectée que celle des Souverains Pontifes. L'article 3 des Organiques ne permet la publication et par conséquent l'exécution de leurs décrets sur le territoire français que du consentement préalable du gouvernement, qui s'ar roge le droit d'en examiner la forme et le fond et de les déclarer comme non avenus pour l'Église de France s'il ne les trouve pas conformes aux lois, droits et franchises de la République française, ou s'il les juge de nature à altérer la tranquillité publique.

L'article a bien soin d'ailleurs d'étendre expressément cette prohibition aux décrets mêmes des conciles généraux ou œcuméniques, c'est-à-dire à ces assises de l'Église universelle qui, d'après les doctrines de l'Église gallicane et la Déclaration de 1682, ont l'autorité souveraine et la plénitude de l'assistance de l'Esprit-Saint.

Ici nous arrivons à des prétentions qui dépassent les limites de la vraisemblance, et auxquelles les anciens Parlements eux-mêmes et le despotisme de Louis XIV n'avaient jamais atteint. Ce sont les décisions mêmes des conciles œcuméniques sans distinction qui sont soumises à l'examen et à l'approbation du gouvernement. On ne fait grâce à aucune, pas même aux décisions doctrinales, à celles qui ne touchent pas la discipline, mais le dogme, et le gouvernement français, c'est-à-dire un homme, roi, ou président de République, assisté de quelques ministres et de conseillers d'État, qui peuvent être tous protestants, juifs ou libres penseurs, s'érige en évêque des évêques, en docteurs des docteurs, en maître des Conciles, et s'arroge le droit de permettre ou de défendre à l'Église de France la profession d'un dogme déclaré de foi par l'autorité suprême du catholicisme.

Il est vrai que Portalis, le rédacteur des articles organiques, semble, dans son rapport, reculer devant un tel excès, et qu'on y lit ces explications embarrassées et ces aveux forcés :

« Nous savons qu'il appartient aux conciles généraux de définir les vérités de la foi et de terminer toutes les controverses dogmatiques. Nous savons que la puissance civile n'a pas à se mêler du dogme, qu'elle n'a point à prononcer sur la doctrine, dont l'administration et le dépôt sont du domaine exclusif de l'autorité spirituelle, c'est-à-dire du ressort de l'Église, dont le tribunal est reconnu infaillible par tous les catholiques. Mais l'infaillibilité n'est point absolue et générale sur toutes choses. Il est incontestable que l'Église, dans ses assemblées, peut faire des règlements sur tout ce qui intéresse

les objets que la discipline embrasse, que
ces objets, dont quelques-uns appartiennent
à la temporalité et dont la plupart peuvent
être rangés dans la classe des matières
mixtes, exigent le concours de la puissance
publique; de là vient le principe que les
conciles n'ont point force de loi en France,
au moins quant à la discipline, qu'ils n'aient
été expressément adoptés par le souverain. »

Ces mots « *au moins quant à la discipline,* »
rapprochés des aveux de Portalis sur l'in-
compétence absolue de l'État en matière
dogmatique, indiquent bien que, dans la
pensée de l'auteur des articles organiques,
les décrets disciplinaires des conciles généraux sont les seuls dont le gouvernement se
réserve l'examen et l'approbation; et nous
prenons acte de ces déclarations. Mais elles
condamnent au moins la rédaction de l'article 3 des Organiques, qui ne fait aucune
distinction entre les décrets disciplinaires ou
autres et qui pourrait se prêter ainsi à tous
les excès du despotisme royal ou révolutionnaire.

Il est nécessaire d'ajouter sur ce point une
observation capitale. La cour de Rome n'a
jamais admis la théorie des Parlements, ni

le droit des rois de France de juger les
décrets des Papes et des conciles, quel que
soit leur caractère, et si elle a toléré cette
pratique, elle ne l'a jamais acceptée. Et
cependant il y avait entre la situation légale
de l'Église sous la monarchie et celle qui a
suivi la Révolution et qui dure encore, une
différence fondamentale. Avant 1789, la religion catholique était la religion de l'État.
L'Église de France formait une société parfaite, reconnue par l'État, qui prêtait l'appui
du bras séculier à ses lois, à ses canons, à sa
discipline. Elle avait sa juridiction spéciale,
ses officialités, ses priviléges, et par cela
seul que ses décrets, disciplinaires ou autres,
étaient publiés dans le royaume, ils y avaient
force de lois. On comprend que, dans cette
situation, l'État cherchât des garanties contre
les empiétements possibles de la puissance
ecclésiastique sur la puissance civile, et si
l'esprit des Parlements, bien autrement en-
vahissant que celui de la cour romaine, ne
se fût opposé à toute entente sur ce point,
ces questions si délicates et qui ont donné
lieu à tant de luttes et de scandales auraient
été résolues par un accord préalable.

De plus, des pratiques gouvernementales

des habitudes enracinées par un usage dix fois séculaire, étaient passées presque à l'état de droits et avaient constitué ce qu'on a appelé si improprement les libertés, coutumes et maximes de l'Église gallicane, libertés et coutumes, pour le rappeler en passant, qui, en fait, n'étaient que des libertés et coutumes despotiques de l'État à l'égard de l'Église.

Mais depuis 1789, et spécialement après la signature du Concordat, deux faits immenses s'étaient produits, qui condamnaient absolument la prétention du gouvernement français de reprendre vis-à-vis de l'Église les libertés et les errements de l'ancien régime.

D'une part, la religion catholique avait été dépouillée de son titre et de ses droits de religion de l'État, de son caractère de société parfaite et reconnue, de sa juridiction, de ses priviléges, de la sanction légale donnée à ses lois propres et à sa discipline. Le Concordat, en renouant ses liens officiels avec l'État, n'avait pas ressuscité la situation traditionnelle du clergé, et le gouvernement prétendait hautement à son indépendance dans les matières qu'il déclarait de sa compétence unique. Il n'entendait plus donner force de lois aux décrets et canons de

l'Église, aux vœux des membres des congré
gations religieuses même autorisées, à la
juridiction ecclésiastique, et l'autorisation
de recevoir et de publier en France les actes
du Saint-Siège et ceux des conciles œcuméniques n'avait plus pour motif et pour conséquence de prêter à leur exécution l'appui
du bras séculier.

D'autre part, le gouvernement français,
en reconnaissant par le Concordat au Souverain Pontife le droit de modifier d'un trait
de plume toute l'organisation ecclésiastique
du territoire, de faire table rase de toutes
les circonscriptions diocésaines et paroissiales, et de déposer *ipso facto* tous les évêques et tous les curés de France, avait consacré, avec une énergie sans exemple dans
l'histoire de l'Église, la souveraine autorité,
la souveraine juridiction du Saint-Siège, et
réduit par là même à néant toutes les pré-
tendues libertés, coutumes et maximes de
l'Église gallicane. Aussi le premier consul
ne fit-il aucune difficulté de recevoir et de
faire publier la bulle du Pape Pie VII qui
en exécution du Concordat, réorganisait
l'Église de France, nonobstant toutes coutumes et maximes contraires que le Sou-

verain-Pontife déclarait formellement nulles et sans valeur.

Dans ces conditions, le retour aux procédés despotiques de l'ancien régime avec des aggravations sans précédent était un anachronisme, un renversement inouï de la logique et de la bonne foi, et en même temps la négation la plus formelle et la moins déguisée des termes et de l'esprit du Concordat, qui stipulait la liberté entière de l'Église et ne tolérait quelques restrictions à cette liberté qu'en ce qui concernait la publicité du culte.

Un autre article des lois organiques, l'article 24, placé on ne sait pourquoi dans le titre II plutôt que dans le titre Ier, se rattache étroitement à ceux que nous venons de discuter et tombe sous le coup des mêmes critiques. C'est celui qui prescrit à tous les professeurs de séminaires de souscrire la déclaration de 1682 et de s'engager à enseigner la doctrine qui y est contenue.

Sans examiner cette doctrine en elle-même, il est manifeste que cet article contient un excès de pouvoir sans pareil, qu'il est en contradiction formelle avec la liberté de l'Église comme avec le droit public moderne, et qu'en s'ingérant de cette façon péremptoire et souveraine dans des questions de doctrine et d'enseignement dogmatique, l'auteur des lois organiques sortait du domaine de l'État pour entrer dans celui de l'Église, puisque, suivant le rapport précité de Portalis lui-même, « la puissance civile n'a pas à se mêler du dogme ni à prononcer sur la doctrine, dont l'administration et le dépôt sont du domaine exclusif de l'autorité spirituelle. »

J'ajoute que la déclaration de 1682, déjà condamnée par le Saint-Siége et abandonnée par Louis XIV qui avait prétendu l'imposer au clergé de France, a été condamnée par le concile œcuménique du Vatican de 1870, et qu'avec elle ont disparu les dernières traces de la vieille doctrine gallicane et la possibilité de la rétablir.

De toute cette discussion, nous avons le droit de conclure que les articles 1, 2 et 3 des lois organiques, ainsi que l'article 24, sont une violation flagrante du Concordat, et que, comme il n'y a pas de droit contre le droit, au point de vue de la stricte légalité et de la conscience chrétienne, ils doivent être considérés comme non avenus.

Il en est de même de l'article 4 qui règle les rapports des ministres du culte entre eux, et qui est conçu dans les termes suivants :

« Aucun concile national ou métropolitain, aucun synode diocésain, aucune assemblée délibérante n'aura lieu sans la permission expresse du gouvernement. »

L'article 20, qui complète l'article 4, interdit aux évêques de sortir de leur diocèse sans la permission du chef de l'État.

Voilà le régime de liberté octroyé aux évêques et aux prêtres catholiques par les lois organiques. C'est avec ce sans-façon que le gouvernement consulaire, de la même plume qui venait de signer le Concordat et de proclamer solennellement la liberté de l'Église, signait sa servitude et la soumettait au bon plaisir pur et simple du souverain.

Ici, la violation du traité est plus manifeste encore ou du moins plus choquante que dans les articles précédents. Ceux-ci, en réglementant de cette façon les rapports du clergé et des fidèles avec le Saint-Siège, avaient, à défaut de motifs sérieux, le prétexte, dont on a tant et si souvent abusé, du caractère souverain et de l'autorité tempo-

relle de la papauté; le gouvernement pouvait couvrir ses défiances et ses prétentions
absolutistes du manteau des nécessités di-
plomatiques et des habitudes internationales.

Dans les rapports des évêques entre eux
et avec leur clergé, rien de pareil ne pouvait être allégué ; tout se passait entre Français, entre citoyens du même pays, entre
prêtres de la même Église gallicane, entre
prélats et curés nommés avec le concours
positif et nécessaire du gouvernement. L'interdiction de toute réunion, même n'ayant
pour objet que de pures questions de doctrine, de morale ou de discipline ecclésiastique, était donc sans motif comme sans
excuse, c'est là substitution brutale de l'arbitraire gouvernemental à la liberté formellement reconnue par le Concordat.

VI

On se demande comment, devant de
telles prescriptions, des hommes d'État sérieux ont pu soutenir que le traité avec le
Saint-Siége n'était pas violé et que la li-

berté de l'Église n'était pas supprimée. Le Concordat disait simplement, sans restrictions et sans commentaires, aux évêques de France : « Vous êtes libres » Les articles organiques leur disent : « Vous êtes libres, mais vous ne pourrez aller et venir sans ma permission ; vous êtes libres, mais vous ne pourrez vous réunir avec vos collègues dans l'épiscopat sans ma permission ; vous êtes libres, mais vous ne pourrez réunir autour de vous vos curés et vos prêtres sans ma permission ; vous êtes libres, mais vous ne pourrez communiquer avec le chef de l'Église sans ma permission : vous êtes libres, mais vous ne pourrez publier ni lire en chaire, ni faire connaître par aucune voie aux fidèles de votre diocèse, les actes, les encycliques du Souverain Pontife, les décisions mêmes dogmatiques des conciles œcuméniques sans ma permission. Dans ces conditions et dans ces limites vous êtes libres, et c'est ainsi que j'entends la liberté que je vous ai promise dans le Concordat. »

C'est comme si le gouvernement proclamait par une loi la liberté pure et simple de la presse, et que dans un règlement d'administration publique, rendu en exécution de cette loi, il dit aux journalistes : « Vous pouvez fonder des journaux, les répandre, y écrire, y juger, y critiquer tout ce que vous voudrez ; je n'y mets qu'une condition, c'est que rien ne se fera, ne s'écrira et ne se publiera qu'après la censure préalable et l'autorisation formelle du gouvernement ; telle est ma façon d'entendre et de pratiquer la liberté de la presse. »

Devant de telles prétentions d'un gouvernement, quand on a la force pour résister, on passe outre ; quand on ne l'a pas, on hausse les épaules et l'on baisse la tête, mais on ne discute pas.

C'est ce que fit l'Église quand les lois organiques furent publiées avec le Concordat. Dans un document diplomatique remarquable et qui resta sans réfutation, le cardinal Caprara protesta, au nom du Saint-Siège, contre cette violation inattendue du contrat. Il indiqua sommairement les motifs canoniques, de conscience, de sens commun et de droit des gens, qui ne permettaient pas au Souverain Pontife de reconnaître aux articles organiques une valeur légale et morale quelconque. Il énuméra ceux de ces articles qui blessaient plus particulière-

ment les lois divines et les règles consacrées
du droit humain. Puis, ayant protesté, le
Saint-Siège se tut. Il courba la tête devant
le droit du plus fort, et s'en remit au temps,
aux événements, à la force de la justice et à
la Providence, de faire rentrer toutes choses
dans l'ordre.

Bonaparte lui-même, il faut le dire, mon-
tra, dès le lendemain de la publication des
Organiques, qu'il tenait beaucoup plus à les
édicter qu'à les exécuter, et sa conduite ré-
véla les raisons secrètes et véritables qui les
lui avaient fait proclamer. On ne peut admettre en effet qu'un homme de son génie,
connaissant comme lui la place fondamentale que la religion doit occuper dans toute
société humaine qui veut vivre, prétendît détruire d'une main ce qu'il édifiait de l'autre,
et se déclarer l'ennemi brutal d'une Église, sur
laquelle l'Europe chrétienne reposait depuis
plus de dix siècles, et qu'il venait de rétablir par la seule force de sa volonté.

Les uns ont dit que, tout en voulant rétablir l'empire nécessaire de la religion sur les
âmes et en reconnaissant que la religion catholique était la seule qui fût possible en
France, il avait voulu tenir en sa main les

ministres de cette Église redoutable, et confisquer à son profit l'influence qu'elle exerce sur les multitudes.

Les autres ont pensé que, pour faire passer l'audace du Concordat et vaincre les préjugés non des masses populaires, mais des gens prétendus éclairés, de ses généraux, de ses fonctionnaires et de ses savants, il avait cru nécessaire d'envelopper le contrat dans les clauses révolutionnaires des articles organiques et de ne le présenter à la nation que sous ce vêtement qui le rendait méconnaissable.

Je crois que l'une et l'autre de ces assertions est exagérée, et que la vérité est entre les deux ou plutôt dans la réunion de toutes les deux. Le caractère de l'empereur Napoléon était très complexe, et il y avait en lui plusieurs personnages. Né en Corse, de race italienne, il avait eu trois éducations, celle de la famille et du pays natal, celle de la Révolution et celle de l'armée.

Du sang italien et de l'éducation de famille, il avait gardé un sentiment profond de la foi catholique, un souvenir persistant et qui ne le quitta jamais des mystères et des cérémonies de l'Église. A mesure qu'il s'éloi-

gnait de l'enfance et de la vertu pour entrer
dans les habitudes et les mœurs des écoles
militaires et d'une société corrompue, la foi
diminua en lui et parut s'éteindre. Mais il
en garda toujours un souvenir si présent
qu'après la victoire de Marengo, il ne crai-
gnit pas de répondre à ses généraux qui le
complimentaient sur cette journée, la plus
belle de sa vie : « J'en ai connu une plus
belle encore, celle de ma première commu-
nion. » Et à Sainte-Hélène, quand il eut
obtenu de l'Angleterre la faveur d'un aumô-
nier, d'une chapelle et de l'exercice du culte
catholique, il entra dans un transport de
joie, et s'écria qu'en entendant le son des
cloches et en retrouvant le sacrifice de la
messe, il lui semblait avoir retrouvé la
France. Qu'on ajoute à ces premières im-
pressions d'une origine et d'une éducation
catholiques le coup d'œil de l'homme de
génie qui se rendait compte de ce que serait
un peuple sans Dieu, qui disait dans son langage coloré et presque brutal : « Sans la
religion, les hommes s'égorgeraient pour la
plus belle femme ou pour la plus grosse
poire, » qui détestait les philosophes maté-
rialistes ou impies du dix-huitième siècle et

3.

méprisait particulièrement Voltaire et Rous-
seau, et l'on comprendra le sentiment sin-
cère, chrétien et véritablement élevé qui le
porta à rétablir la religion catholique en
France et à signer le Concordat avec le
Saint-Siège. Voilà la part du premier per-
sonnage, de la première éducation de Bonaparte dans cet acte, le plus grand de sa vie.

Mais à côté de cette première éducation,
il avait reçu celle de la Révolution et celle
de l'armée. Le spectacle et la méditation des
scènes révolutionnaires, des violences des
uns, des faiblesses déplorables des autres,
des audaces, des folies, des fureurs des tribuns et de la populace, lui avait inspiré,
avec une ambition que justifiait sa supério-
rité sur tous ces despotes d'un jour, un profond mépris du droit si souvent violé, de la
loi si variable et si impuissante, et de la nature humaine qui accomplissait ou laissait
commettre toutes ces horreurs. Il en était
vite arrivé à croire qu'avec du génie et de
l'audace on pouvait tout oser et tout imposer, et certes si jamais cette erreur fut ex-
cusable, à quelle époque le fut-elle autant
qu'au lendemain de la Révolution française ?

Son séjour dans les camps, l'ascendant inouï et légitime que lui donnèrent bientôt sur ses soldats son génie militaire, ses expéditions presque fabuleuses et ses victoires répétées, achevèrent son éducation révolutionnaire au point de vue de sa confiance dans la force, tout en la réformant au point de vue du sentiment de l'autorité et de la discipline. Il comprit alors le peuple comme un immense régiment qui lui devait une obéissance absolue, en échange de l'ordre et de la gloire qu'il lui apportait. Il envisagea le clergé comme une portion d'élite, mais comme une portion intégrante de cette armée, qui lui devait obéissance comme les autres, et si son bon sens, son génie et l'instinct religieux survivant en lui au sommeil de la foi lui montraient en Dieu le maître des choses humaines, le seigneur des nations et l'éducateur nécessaire du genre humain, son orgueil et l'habitude du commandement suprême lui persuadèrent que lui, Napoléon, pouvait traiter avec ce grand Dieu de puissance à puissance et en faire même l'instrument de ses desseins et son moyen par excellence de gouvernement.

Il me semble que cette analyse du caractère et de l'éducation religieuse, morale et politique de Napoléon explique le Concordat et les articles organiques avec une extrême clarté. Elle fait comprendre ce qu'il y a, dans cette œuvre contradictoire, de grandeur et de petitesse, de confiance et de défiance envers l'Église catholique, de respect et de mépris de Dieu et des hommes. Elle montre Napoléon tantôt rendant hommage au Sauveur du monde jusqu'à ressusciter son culte et son autorité souveraine, au mépris des colères et des sarcasmes de son entourage, jusqu'à traiter d'égal en égal avec le chef humilié et presque dépouillé de l'Église ; tantôt, par orgueil, par despotisme et par calcul, humiliant le Pape qu'il venait de relever, l'Église dont il venait de reconnaître les droits, et traitant les choses divines avec la façon cavalière d'un chef de régiment qui donne une consigne aux derniers de ses soldats.

Par ces procédés, il obéissait d'ailleurs au désir dont nous parlions tout à l'heure de rassurer et de satisfaire ceux qu'il venait de froisser si vivement en rétablissant malgré eux ce que des maréchaux de France osaient appeler des capucinades. Il voulait leur

montrer qu'il entendait demeurer le maître
de ces hommes d'église avec lesquels il venait de traiter, et il n'était pas fâché de le
montrer à ces hommes d'église eux-mêmes.
On sait, et ce trait achèvera de peindre le
caractère de Napoléon, qu'il y avait en lui
un grand comédien comme un grand capi-
taine, et que se regardant, vis-à-vis des
autres hommes, comme un être à part, un
maître vis-à-vis de ses serviteurs, un père
vis-à-vis de ses enfants, il aimait à forcer
les effets, à évoquer des monstres imagi-
naires, à grossir sa voix pour leur faire
peur et les réduire par la peur à l'obéissance.
Nous avons rappelé plus haut un trait frap-
pant de cette habitude d'esprit, en racontant
sa feinte colère à l'égard du cardinal Consalvi, pour obliger ce prélat à modifier l'article 1er du Concordat tel qu'il voulait qu'il
l'acceptât.

Plusieurs des articles organiques nous
paraissent avoir le même caractère et le
même but. C'était à la fois, de la part de
Napoléon, une concession à l'esprit voltai-
rien ou matérialiste des révolutionnaires en
habits brodés qui peuplaient son état-major
et sa cour, et une menace suspendue comme

une épée de Damoclès sur la tête du clergé.
C'était une arme, empruntée à l'arsenal de
l'ancien régime, qu'il entendait bien laisser
dans le fourreau, mais dont le seul fourreau
devait servir à assurer son empire souverain
sur l'Église de France. C'était un tonnerre
de comédie, pareil à ces foudres d'airain
que les statues de Jupiter s'apprêtaient à
lancer sans les lancer jamais.

Le sens profond du Pape Pie VII et sa
finesse italienne ne se méprirent pas un instant sur ce caractère des lois organiques.
Il démêla les mobiles divers de la conduite
de Napoléon dans toute cette affaire, et les
faux éclats de voix du maître de l'Europe
ne l'effrayèrent pas. C'est pourquoi, au
lieu de prendre au sérieux ce commentaire brutal d'un traité qu'il semblait détruire par sa base, il se borna à protester,
par respect pour les principes et la dignité
du Saint-Siège, à démontrer la nullité
légale de ces actes en contradiction avec le
droit des gens et les droits reconnus par le
Concordat lui-même à l'Église et à ses ministres, puis il rentra dans la majesté d'un
silence paisible, autorisa tacitement le clergé
de France à se prêter à l'exécution de ceux

des articles organiques que le gouvernement français appliquait sans grand dommage pour les intérêts religieux, tels que l'enregistrement en conseil d'Etat des bulles d'institution canonique des évêques, enregistrement de pure forme et qui n'a jamais donné lieu à une difficulté sérieuse ; tels encore que les recours comme d'abus devant le conseil d'Etat, lesquels, bien qu'injustifiables en théorie, avaient le plus souvent pour résultat de préserver les membres du clergé de poursuites devant les tribunaux civils ; et voyant, après trois ans d'expérience, qu'il ne s'était pas trompé sur le sens et l'application de ces fameux articles qui, pour la plupart, dormaient inoffensifs dans les cartons du ministère des cultes, il consentit à venir en France, à traverser, comme il le dit lui-même, tout un peuple agenouillé sur son passage, et à sacrer dans l'église de Notre-Dame celui qu'il regardait toujours comme le restaurateur de la religion catholique en France.

Cette conduite, aussi politique que charitable, était la plus sage que pût adopter le Saint-Siège, et elle valut à l'Église, à travers quelques difficultés et quelques orages

passagers, une paix salutaire et profonde
pendant plus de soixante ans. A certaines
époques plus troublées de notre histoire
moderne, le gouvernement usait, avec une
apparente sévérité, de quelques-unes de ces
armes ébréchées de l'ancien régime, particulièrement de l'appel comme d'abus. Mais
à mesure que l'esprit d'ordre et d'autorité
reprenait le dessus sur l'esprit révolutionnaire, les Organiques rentraient dans leur
ombre poudreuse, comme des chiens aboyeurs
qu'on fait rentrer au chenil, et l'Église reprenait doucement possession du libre exercice de son culte que le Concordat lui avait
garanti comme un droit et qu'aucun gouvernement digne de ce nom n'osera jamais
lui refuser en fait.

Il ne faut pas se dissimuler cependant le
danger de ces lois de circonstance, faites
pour intimider plutôt que pour être exécutées et qui jouent, dans la pensée des lé-
gislateurs et des gouvernements peu scru-
puleux sur le choix des moyens, le rôle
d'épée de Damoclès. Il est des moments où
le fil qui retient cette épée suspendue sur
des têtes innocentes est tellement usé par
le frottement des révolutions ou tellement

agité par leurs orages, qu'il menace de
se rompre et de causer en se rompant des
ruines incalculables. Il peut se rencontrer,
soit des chefs d'État, rois, empereurs ou
tribuns, soit des assemblées souveraines,
assez dépourvues de sens politique, moral
et religieux, assez ennemies de la providence de Dieu et de la liberté humaine,
pour prendre au sérieux ces lois organiques ou autres du même genre, et tirer
de leur stricte application l'asservissement complet de l'Église et la destruction
de ses cérémonies, de son culte, de sa vie
tout entière. Supposez un instant le pouvoir civil, l'État, appliquant à la rigueur
et sans résistance tous les articles organiques avec leur cortége de lois pénales,
et vous aurez le spectacle de la persécution la plus odieuse que l'Église ait subie
depuis les jours de Dioclétien ou de la Ter-
reur. Suppression de toute communication
entre le Pape et l'Église de France, entre
les évêques avec leurs collègues et leurs
curés, entre tous les prêtres du même
diocèse ; suppression, par la voie du recours comme d'abus et des poursuites
judiciaires, de toute instruction pastorale

adressée aux fidèles, de toute exhortation
en chaire à lutter légalement contre la
persécution ; interdiction de la discussion
de tout acte du gouvernement, cet acte
fût-il la négation absolue de toute justice,
de toute morale et de toute liberté religieuse, en un mot toute licence donnée au
pouvoir civil et à ses agents, toute liberté,
toute défense ôtée à l'Église, tel serait le
résultat rapide de cet ordre de choses qui
pourrait se prétendre légal. Or, c'est là le
comble de la démoralisation. Faire le mal
contre la loi, c'est une grande pitié ; le faire
avec la loi et par elle, c'est la destruction
radicale de la notion même de la justice et
de l'autorité.

Du reste, en ce qui concerne la publication soit des actes émanés du Saint-Siège,
soit des mandements épiscopaux, le gouvernement voudrait aujourd'hui l'interdire
au nom des lois organiques, qu'au nom du
bon sens et de la liberté de la presse, il ne
le pourrait pas. Alors que tous les journaux
de toutes les petites villes de France ont
toute licence de reproduire, en les commen-
tant, les actes, les écrits, les lettres pasto-
rales ou autres du Pape et des évêques, et

qu'ils eussent, on sait avec quelle latitude, de
cette faculté qu'ils tiennent des lois sur la
presse, défendre aux seuls évêques de
publier et d'expliquer ces actes serait un tel
renversement de toute justice et de tout
sens commun qu'il dépasserait les limites de
l'audace et de la sottise humaines. A défaut
de la chaire, le Souverain Pontife, les évêques et les prêtres auraient à leur disposition la publicité des journaux, et si les
relations officielles entre le chef de l'Église
et ses membres étaient interdites, les relations officieuses ne pourraient l'être et ajou-
teraient à l'odieux de la persécution le
ridicule de son impuissance. Jamais, si la
liberté de la presse et l'habitude de tout
écrire et de tout reproduire dans les journaux, habitude impossible à détruire et
plus forte que la loi, eussent existé à l'époque des lois de germinal an X, Napoléon
n'eût songé à renouveler dans les articles
organiques les interdictions de l'ancien régime. Son bon sens eût été plus fort que
son instinct d'absolutisme, et il eût compris qu'il était moins difficile encore de
détruire le clergé catholique que de le laisser vivre en lui interdisant de parler, d'é-

crire et d'enseigner. Le danger de l'application des Organiques en ce point n'existe donc pas sérieusement aujourd'hui, et le jour où un gouvernement se rencontrerait qui voudrait tenter cette aventure, il serait bien vite amené à reconnaître que le moyen le plus simple et le seul pratique de fermer la bouche aux pasteurs de l'Église, c'est de les supprimer.

VII

Napoléon, devenu empereur, a donné une singulière preuve du cas qu'il faisait des articles organiques et de la valeur légale qu'il leur accordait. Par un simple décret, rendu de son initiative propre, sans même la solennité de l'avis préalable du conseil d'État, il a modifié en 1810 et supprimé plusieurs de ces articles, témoignant ainsi que cette loi n'avait point à ses yeux la valeur d'une loi ordinaire. Il est de principe en effet qu'une loi peut seule défaire ce qu'a fait une loi.

Nous avons vu que l'article 1er des Organiques soumettait tout écrit quelconque émané du Saint-Siège à l'examen et à l'autorisation préalable du gouvernement. Il en résultait que les brefs de la pénitencerie sur le for intérieur étaient soumis à cette autorisation, ce qui répugnait à la nature des choses. Comment admettre en effet l'œil et l'examen d'un intermédiaire quelconque entre le pêcheur qui s'adresse pour un cas de conscience à l'autorité spirituelle du Saint-Siège et le souverain pasteur des âmes répondant au pénitent qui l'implore ? C'était absurde et révoltant, et le décret du 28 février 1810 excepta de la règle posée par l'article 1er des Organiques les brefs de la pénitencerie.

Un autre article des Organiques, l'article 26, portait que les évêques ne pourraient ordonner aucun ecclésiastique s'il ne justifiait d'une propriété produisant au moins un revenu annuel de 300 francs et s'il n'avait atteint l'âge de vingt-cinq ans. Ces dispositions étaient en contradiction avec les lois canoniques qui permettent l'ordination à l'âge de vingt-deux ans, et qui n'ont jamais exigé la justification d'un certain revenu pour être admis à l'honneur du sacerdoce. Elles étaient de plus en opposition formelle avec toute l'histoire de l'Église, de cette Eglise fondée par un Dieu né dans une étable, nourri par un artisan, mort sur une croix et enseveli dans un tombeau d'emprunt; de cette Eglise dont les apôtres furent tous des pêcheurs et des pauvres, dont le premier Pape vivait du travail de ses mains, et dont plusieurs Souverains Pontifes, vant d'être pasteurs des peuples, avaient été pasteurs de troupeaux. Exiger que pour être ministre de cette religion sainte dont les petits, les opprimés et les pauvres ont toujours été les enfants privilégiés, il fallût appartenir à la classe des heureux de ce monde, était un oubli du législateur de l'an X qui ne pouvait résister à la réflexion. Le décret de 1810 supprima cette double disposition de l'article 26 des Organiques.

Enfin, il rapporta également l'article 36 qui, contrairement aux règles de l'Eglise, statuait que les vicaires généraux des diocèses vacants continueraient leurs fonctions même après la mort de l'évêque jusqu'à son remplacement, et il décida que, pendant les vacances des sièges, il serait pourvu, conformément aux lois canoniques, au gouvernement des diocèses.

Napoléon alla plus loin, et pour modifier

l'article 43 des Organiques, portant que tous les ecclésiastiques seraient habillés à la française et en noir et que les évêques pourraient seulement joindre à ce costume la croix pastorale et les bas violets, il ne prit pas la peine de rendre un décret; il se contenta d'un simple arrêté, l'arrêté du 17 nivôse an XII, qui permettait aux ecclésiastiques de continuer à porter les habits convenables à leur état, suivant les canons, règlements et usages de l'Église. Je ne crois pas que dans toute la législation française il y ait un autre exemple d'un arrêté modifiant une loi.

Je ne blâme certes pas ces procédés de l'auteur des lois organiques; je les approuve, au contraire, dans le fond comme dans la forme. Quant au fond, des dispositions aussi vexatoires, aussi attentatoires à l'exercice le plus élémentaire de la liberté de l'Église ou aussi ridiculement puériles que celles ci-dessus rappelées, ne pouvaient être maintenues par un gouvernement tant soit peu soucieux de sa dignité propre et des intérêts religieux. Quant à la forme, des articles de loi rendus en violation directe d'un traité synallagmatique dont ils avaient pour

but de faciliter l'exécution et nuls de plein
droit d'après les principes du droit des
gens, ne méritaient pas une formule de suppression ou de modification plus solennelle
que celle du décret ou de simple arrêté.
L'auteur des articles organiques montrait
ainsi aux adversaires de l'Église, comme à
l'Église elle-même, la valeur morale et
légale qu'il accordait à cette œuvre et l'autorité qu'ils lui devaient reconnaître. C'est à
ce point de vue que j'ai cru utile de m'arrêter
quelques instants sur cet incident singulier
de l'histoire de la loi de germinal an X.

Je ne poursuivrai pas titre par titre l'examen des divers articles organiques qui sont
plus ou moins imcompatibles avec les clauses du Concordat. Le titre 1er, sur lequel je
me suis longuement étendu, est d'ailleurs
celui qui contient la négation la plus auda-
cieuse de la liberté de l'Église consacrée par
l'article 1er de la convention.

Je me bornerai à signaler les dispositions
les plus graves et les plus intéressantes qui,
dans les autres titres de la loi de l'an X, me
paraissent devoir motiver quelques obser-
vations.

Dans le titre II, l'article 10 abolit tout

privilège portant exemption ou attribution de la juridiction épiscopale.

Cette clause constitue un excès de pouvoir et un empiétement évident sur les droits du Saint-Siège qui, d'après le Concordat lui-même, peut seul conférer aux évêques la juridiction spirituelle sur leurs diocèses et en qui réside la juridiction pleine, entière et directe sur l'Église universelle. C'est là une vérité de tradition constante dans le christianisme, et le concile œcuménique du Vatican a fait de cette tradition l'objet d'une définition formelle et d'un dogme de foi. La limite, la portée des privilèges portant exemption de l'ordinaire, peuvent être discutées et réglées contradictoirement entre l'Église et l'État. Mais l'État n'a aucunement le droit de trancher la question de son autorité souveraine. Aussi ces exemptions à la règle très sage et très respectée de l'ordinaire ont-elles subsisté dans l'Église de France comme partout ailleurs, malgré les lois organiques, et le gouvernement lui-même en a consacré plus d'une, spécialement dans les décrets qui ont constitué la grande aumônerie, l'aumônerie militaire et le chapitre de Saint-Denis.

4

L'article 11, qui supprime tout autre établissement ecclésiastique que les chapitres cathédraux et les séminaires, est également excessif, et incompatible avec le libre exercice du culte catholique et l'exécution des lois canoniques.

Les gouvernements qui se sont succédé en France à commencer par le gouvernement impérial, ne se sont pas fait faute de violer cet article de loi, en créant de nombreux établissements ecclésiastiques par des décrets ou par des ordonnances. Tels sont, entre autres, le décret du 30 décembre 1809 sur les fabriques ; le décret du 3 messidor an XII, qui, après avoir ordonné la dissolution de diverses associations religieuses, a permis, à certaines conditions d'en établir de nouvelles pour l'avenir ; le décret du 18 février 1809, qui a autorisé plusieurs communautés religieuses de femmes, l'ordonnance du 29 février 1816, portant la même autorisation pour les associations de Frères voués à l'enseignement, etc.

Dans le titre III intitulé : *Du culte*, l'article 29 statue qu'il n'y aura qu'une liturgie et un catéchisme pour toutes les Églises catholiques de France. Ici, nous ne

pouvons qu'approuver la pensée qui a dicté
cette disposition vraiment catholique, et
nous regrettons qu'en ce qui concerne le
catéchisme, l'unité que le législateur n'avait
pas le droit de prescrire, mais qu'il devait
souhaiter, ne se soit pas réalisée par l'accord de l'épiscopat français. Il semble logique, en effet, que l'unité du catéchisme,
comme l'unité de la liturgie, réponde à
l'unité de la foi. Quant à la liturgie, le vœu
de l'article 9 s'est réalisé, non pas peut-
être de la façon que l'entendait l'auteur des
Organiques, mais de la seule façon et par le
seul procédé vraiment catholique, par le
retour de tous les diocèses de France à la
liturgie romaine. Cette grande réforme, si
désirable, est aujourd'hui un fait accompli, et
c'est peut-être de tous les articles organiques,
celui dont les partisans de l'an X souhaitaient
le moins l'application. Si toutes les dispositions de cette loi étaient du même esprit, on
peut tenir pour certain qu'aucun de ceux qui
les invoquent aujourd'hui n'en réclamerait
l'exécution et n'en soutiendrait la légalité.

Je ne dirai rien de l'article 45 relatif aux
processions, qui pourrait faire l'objet d'une
étude spéciale, si ce n'est qu'interprété et

appliqué dans un esprit loyal et libéral, il ne donnerait lieu, en fait, à aucune difficulté grave, à aucune protestation du clergé.

Je ne cite également que pour la forme l'article 54 qui interdit aux curés la célébration du mariage religieux avant le mariage civil. Il y aurait toute une dissertation à faire sur cette disposition si grave, absolument contraire aux lois canoniques, aux définitions des Conciles, et aux prescriptions de l'Eglise. Elle donna lieu à une très vive protestation de la part du Saint-Siège, et ce fut parmi les atteintes portées par la loi de l'an X aux droits de l'Eglise, une des plus douloureuses au Souverain Pontife et des plus préjudiciables à la société chrétienne.

Dans le titre IV, les articles 73 et 74 provoquèrent aussi les légitimes réclamations du Saint-Siège.

L'article 15 du Concordat stipulait, on s'en souvient, que le gouvernement prendrait des mesures pour que les catholiques français pussent, s'ils le voulaient, faire en faveur des églises des fondations.

Voici comment cet engagement se trouve réalisé dans les articles 73 et 74 des Organiques.

ART. 73. — Les fondations qui ont pour objet l'entretien des ministres et l'exercice du culte ne pourront consister qu'en rentes constituées sur l'État. Elles seront acceptées par l'évêque diocésain et ne pourront être exécutées qu'avec l'autorisation du gouvernement.

ART. 74. — Les immeubles, autres que les édifices destinés au logement et les jardins attenants, ne pourront être affectés à des titres ecclésiastiques, ni possédés par les ministres du culte à raison de leurs fonctions.

On voit du premier coup d'œil la différence fondamentale qui existe entre le principe posé par le Concordat, et les mesures d'exécution prescrites par les articles organiques.

Le Concordat disait : « Les catholiques peuvent, s'ils le veulent, faire des fondations en faveur des églises. »

Les articles organiques disent : « Ils pourront faire des fondations, si le gouvernement le veut.»

L'autorisation du gouvernement, sans aucune garantie de forme, ni de limite d'appel, est, en effet, exigée pour l'acceptation de tout don ou legs fait en faveur de la reli-

gion : d'où il suit que, sans violer en rien
ses droits résultant des organiques, mais en
violant absolument les droits de l'Église résultant du Concordat, le gouvernement
pourrait, de parti pris et même sans examen,
refuser toute espèce de fondations, de dona-
tions, de legs ayant un objet religieux. Il ne
l'a jamais fait jusqu'ici, mais rien n'indique
qu'il ne voudra pas le faire un jour, et d'après
certains indices et certaines déclarations, ce
jour pourrait être prochain.

Ce n'est pas tout, et l'article 73 des Organiques ne se borne pas à cette restriction
illimitée qui détruit, on peut le dire, la
liberté des fondations reconnues par le Concordat. Il en ajoute une autre presque aussi
grave en interdisant toute libéralité, faite
en faveur de l'Église, qui ne consisterait pas
en rentes constituées sur l'État. D'après cet
article, aucun établissement ecclésiastique,
aucun ministre du culte ne peut accepter
une libéralité, ni posséder une propriété immobilière quelconque. Les articles 73 et 74
leur imposent une incapacité absolue à cet
égard. Les immeubles sont proscrits avec
ce soin jaloux, dans la crainte, sans doute,
de voir se reformer le patrimoine ecclésias-

tique qui, jusqu'en 1789, subvint seul au soulagement des pauvres dans toute la France, comme au service de l'enseignement à tous les degrés. L'État a si peur de l'influence légitime que pourrait rendre à l'Église la possession de biens territoriaux, qu'il préfère au danger de voir le clergé se charger de nouveau des dépenses de la charité et de l'enseignement, l'inconvénient d'accabler le budget de l'État, des départements et des communes, des charges immenses de ces deux services qui atteignent aujourd'hui plus de cent millions par an !

Il y a, dans cette interdiction de toute libéralité immobilière, rapprochée de l'autorisation préalable et nécessaire du gouvernement pour l'acceptation des libéralités de toute nature, une contradiction singulière et un manque étrange de logique. A quoi bon, en effet, proscrire tout un ordre de libéralités, du moment qu'aucune ne peut être acceptée qu'après l'examen et l'autorisation du gouvernement? Ce droit d'autorisation, qui entraîne le droit de refus, embrasse tout et suffit à tout, même aux caprices de la persécution la plus éhontée, puisqu'en l'exerçant l'État peut tout interdire.

Aussi, quelques années après la loi de germinal an X, en 1817, le législateur revint-il sur les articles 73 et 74 des Organiques, et comprenant qu'il fallait, pour le moins, faire un choix entre l'une ou l'autre des dispositions de ces articles, il supprima l'interdiction d'acquérir et de posséder des immeubles, en maintenant l'autorisation du gouvernement pour les accepter. C'est grâce à cette mesure à demi réparatrice que l'Église a pu recevoir depuis soixante ans un certain nombre de legs immobiliers, très peu considérables, d'ailleurs, qui presque tous sont grevés de services religieux ou affectés à un usage charitable ou pieux. Le danger, rêvé par les ennemis ou les surveillants jaloux de l'Église, et que pour notre compte nous regarderions comme un grand bienfait, de voir se réformer un vaste patrimoine ecclésiastique, ne s'est réalisé à aucun degré, et il ne se réalisera jamais, grâce au droit arbitraire et absolument antilibéral du gouvernement d'autoriser ou de refuser l'acceptation de toute libéralité. En voyant se multiplier les millions que nécessitent les besoins majeurs croissants de l'assistance publique et de l'instruction à tous les de-

grés, l'administration peut mesurer la valeur
du cadeau que lui ont fait les lois organiques
de l'an X et ce qu'il en coûte à l'État de
tenir l'Église en défiance et en tutelle.

Encore un mot, et cette fois un mot d'approbation, au sujet des articles 73 et 74 des
Organiques. Ils disent en toutes lettres que
les fondations ayant pour objet l'entretien
des ministres et l'exercice du culte seront
acceptées par l'évêque diocésain. Cette
prescription est conforme à l'article 15 du
Concordat comme aux lois canoniques, et
elle est le fondement solide et juridique sur
lequel repose la doctrine si injustement
combattue de la personnalité civile des diocèses représentés par les évêques. Aux
termes de cette disposition, l'évêque a droit
et pouvoir d'accepter toutes les libéralités relatives à l'entretien des ministres et à l'exercice du culte dans son diocèse. C'est ce que
s'est bornée à dire la jurisprudence du Conseil d'État depuis le Concordat jusqu'en 1840,
jurisprudence remise en vigueur, il y a
quelques années, sur l'avis du conseil d'État
de 1872. Sans entrer dans une discussion
qui serait déplacée ici, nous ne pouvons nous
empêcher de constater que cette interpréta-

tion découle directement et avec une évidence, suivant nous, indéniable, des termes mêmes de l'article 73 des Organiques, et qu'il faudrait supprimer cet article pour contester aux évêques le droit de représenter leurs diocèses dans l'acceptation de toutes libéralités ayant un objet religieux.

Nous n'ajouterons plus qu'un dernier mot qui sera encore un mot d'approbation sans réserve, au sujet de l'article 76 des Organiques. Cet article porte qu'il sera établi des fabriques pour veiller à l'entretien et à la conservation des temples, à l'administration des aumônes. Ces derniers mots indiquent clairement que, dans la pensée de l'auteur des organiques, les fabriques devaient conserver l'administration des aumônes, c'est-à-dire le service de l'assistance des pauvres et le droit de recevoir et de distribuer les dons et legs faits à cette intention. Le rapport de Portalis à l'empereur établit ce droit avec une netteté et une élévation de vues tout à fait remarquables. C'est en exécution et en conséquence de cette disposition formelle des lois organiques que le Conseil d'État a reconnu, ou plutôt maintenu, le droit traditionnel des fabriques d'accepter

les libéralités charitables au même titre que
les libéralités pieuses.

VIII

Pour résumer cette étude trop longue et
cependant bien incomplète en plus d'un
point sur le Concordat et les articles organiques, nous dirons que le Concordat est un
acte bilatéral, un traité, qui ne peut être
modifié que du consentement des parties
contractantes; que c'est un œuvre d'apai-
sement et de liberté, faite pour assurer à
l'Église et à l'État le bienfait d'une union
féconde en évitant le double danger de la
séparation et de la confusion des deux pouvoirs.

Les articles organiques, au contraire, émanés d'une volonté unique, nuls de plein droit,
par conséquent, en tout ce qu'ils ont de contraire au Concordat, sont une œuvre mixte,
contradictoire, machine de guerre, ou plutôt
arme déloyale forgée contre l'Église, dans
le seul but de donner aux ennemis du christianisme une satisfaction apparente, et d'ins-
pirer au clergé et au peuple catholique une
crainte salutaire. Ces articles n'ont été faits

et n'ont subsisté qu'à la condition de rester à l'état d'épouvantail et de lettre morte en celles de leurs dispositions qui sont la négation de la liberté de l'Église.

Le jour où un gouvernement en France voudrait les exécuter à la lettre et les appliquer dans toutes leurs prescriptions, il n'y aurait plus ni Concordat, ni liberté chrétienne, ni communication entre la tête et les membres de l'Église, ni circulation de la vie divine dans toutes les parties de la société catholique : ce jour-là, la paix religieuse aurait cesser d'exister, la persécution serait commencée.